宜昌博物馆 编著

宜昌博物馆展览系列图集

近代宜昌

文物出版社

图书在版编目（CIP）数据

近代宜昌/宜昌博物馆编著；李增辉主编．－－北京：文物出版社，2022.12
（宜昌博物馆展览系列图集）
ISBN 978-7-5010-7491-4

Ⅰ.①近… Ⅱ.①宜… ②李… Ⅲ.①宜昌－地方史－史料－近代－图集 Ⅳ.① K296.33-64

中国版本图书馆 CIP 数据核字 (2022) 第 059824 号

宜昌博物馆展览系列图集
近代宜昌

编　　著：	宜昌博物馆
主　　编：	李增辉
图书策划：	肖承云　向光华
封面题签：	罗　群
策划编辑：	李　睿
责任编辑：	卢可可
责任印制：	张　丽
装帧设计：	雅昌设计中心
出版发行：	文物出版社
社　　址：	北京市东城区东直门内北小街 2 号楼
网　　址：	http://www.wenwu.com
邮　　编：	100007
经　　销：	新华书店
印　　刷：	北京雅昌艺术印刷有限公司
开　　本：	889mm×1194mm　1/16
印　　张：	5
版　　次：	2022 年 12 月第 1 版
印　　次：	2022 年 12 月第 1 次印刷
书　　号：	ISBN　978-7-5010-7491-4
定　　价：	108.00 元

本书版权独家所有，非经授权，不得复制翻印

《宜昌博物馆展览系列图集·近代宜昌》
编辑委员会

主　　任：苏海涛

副 主 任：郭青芸　肖承云

委　　员：高家清　何中源　向光华　赵　冬　吴义兵

主　　编：李增辉

副 主 编：程晓君　刘晓伟　谢天恬

编　　辑：杜　青　杨心羽　张婉璐　周珺瑶　谭　梅　董全涛

摄　　影：刘晓伟　张　弛

总序

宜昌，世界水电之都、中国动力心脏，伟大的爱国诗人屈原、民族使者王昭君的故乡，是巴文化、楚文化交融之地。现有考古资料证明，夏商之时巴人就已存在。周初，巴人参与了武王伐纣之战，因功封为子国，即巴子国。早期巴文化遗址以清江及峡江地区分布最为密集。在宜昌发现的40余处巴人遗址中，出土了融多元文化为一体的早期巴人陶器和錞于、编钟、釜、洗等青铜乐器和礼器，族群特色鲜明。根据《左传·哀公六年》记载："江汉沮漳，楚之望也。"说明沮漳河流域是楚人政治、经济、文化和军事发展的重要之地。其经远安、当阳、枝江等全长约276公里的沿岸分布着楚文化遗存达709处。

秦汉以来，宜昌历经了三国纷争、明末抗清斗争、宜昌开埠、宜昌抗战等重要的历史事件，保留有各个时期大量的重要历史遗迹、遗存。历年来，通过考古发掘出土、社会征集了大量的文物和各类标本。

宜昌博物馆馆藏文物40499件/套，其中一级文物108件/套(实际数量172件)、二级文物141件/套 实际数量184件)、三级文物1888件/套 实际数量3082件)。楚季宝钟、秦王卑命钟、楚国金属饰片、春秋建鼓、磨光黑皮陶器等一系列的西周晚期至战国早期楚文化重器和精品，为我们勾勒出楚国作为春秋五霸、战国七雄而雄踞一方的泱泱大国风采。另外，还有馆藏动物、植物、古生物、古人类、地质矿产等各类标本，艺术品、民俗藏品等10000余件/套。

宜昌博物馆位于宜昌市伍家岗区求索路，建筑面积43001平方米。远远看去就像一座巨大的"古鼎"，古朴雄伟、挺拔壮观。主体建筑以"历史之窗"为理念，集巴楚历史文化元素为一体，形成了一个内涵丰富、极具文化特色的标志性建筑。外墙运用深浅变化的条形石材，呈现出"巴虎楚凤"的纹饰，表现出"巴人崇虎，楚人尚凤，楚风合鸣"的设计效果。不但具备大气磅礴的外观，还体现着时尚的元素和颇具宜昌风味的文化特色。

大厅穹顶借用了"太阳人"石刻中"太阳"为设计元素，穹顶外围铜制构件巧妙地运用了镂空篆刻的设计，体现了宜昌地区祖先对太阳的崇拜以及宜昌作为楚国故地对屈子哲学的崇尚。迎面大厅正中的主题浮雕"峡尽天开"，用中国古代书画青绿山水技法，再现了宜昌西陵峡口的绿水青山，它既是宜昌地域特点的真实写照，也向世人展示着宜昌这座水电之城的秀美风采。

博物馆的陈列展览主题为"峡尽天开"。"峡尽天开朝日出，山平水阔大城浮"是著名诗人郭沫若出三峡时对西陵峡口壮阔秀美风光的咏叹，是对宜昌城地理位置的准确描述，也契合了宜昌由小到大，由弱到强，几次跨越式发展的嬗变历程。陈列展览针对大纲重点内容进行提炼并重点演绎，以特色文物为支撑，坚持"用展品说话"的设计原则，辅以高科技多媒体技术、艺术场景复原等手段，彰显开放、包容、多元的城市品格。展览共分十个展厅，分别是远古西陵、巴楚夷陵、千载峡州、近代宜昌、数字展厅，讲述宜昌历史文明的发展历程；风情三峡、古城记忆、书香墨韵，描绘宜昌多彩文化；开辟鸿蒙、物竞天择，寻迹宜昌人文与自然的传承永续。

宜昌博物馆展陈具有以下特色：一、内容综合性。它是集自然、历史、体验于一体的大型综合类博物馆；二、辅展艺术性。雕塑、艺术品、场景复原风格追求艺术化创新，艺术大家参与制作，老手艺、老工艺充分利用，多工种、专业交叉施工，使展览更加洒脱、细腻、生动；三、布展精细化。布展以矩阵式陈列展现宜昌博物馆丰富的馆藏，在文物布展的细节之处，彰显巴楚文化的地方特色以及精神传承；四、体验沉浸式。它区别于其他博物馆的传统式参观，引入古城记忆的沉浸式体验，穿街走巷间，感受宜昌古城风貌；五、运行智能化。充分运用 AR 技术、智慧云平台等先进的智能化互动方式，让展陈"活"起来；六、展具高品质。进口展柜、低反射玻璃、多种进口灯具组合，无论在哪一环节，都精益求精，打造精品博物馆。

筚路蓝缕，玉汝于成，宜昌博物馆从无到有，从小到大，凝聚了几代宜昌文博人的心血，见证了宜昌文博事业的发展。陈列展览通达古今、化繁为简、注重特色、彰显底蕴，处处体现着宜昌人的文化自觉、文化自信、文化自强。如今宜昌博物馆凤凰涅槃，并跻身国家一级博物馆行列，即将扬帆踏上新的征程。让我们寻迹宜昌发展的脉络足迹，共同打造文化厚重、人气鼎盛的现代化梦想之城！

苏海涛
2021 年 12 月于湖北宜昌

近代宜昌 | 宜昌博物馆展览系列图集

目 录

展览概述

第一章：开埠通商

· 早期口岸 设立领馆

· 开办洋行

· 社会百态 中西贸易

· 洋人旧事 本土绅商

· 洋教涌入

· 爆发教案 焚烧教堂

第二章：川汉铁路

· 梦通蜀道 筹股筑路

· 保路志痛

· 响应首义

第三章：宜昌抗战

· 宜昌大抢运

· 宜昌沦陷

· 累累罪行 中日拉锯

· 鄂西会战

· 石牌保卫战

· 宜昌解放 致敬老红军

结语

◎ 序厅正面为两扇开启的铜门,象征着宜昌政治、经济、文化的大门正逐步打开。铜门上使用线刻手法描绘近代宜昌重要历史节点及人物。门中的影像演绎宜昌码头繁忙的情景,配合外国商船剪影、霍尔锚等造型迅速把观众带入那段风雨激荡的岁月中。

近代宜昌

1928年3月11日
轮船航行至宜昌
并登上码头进入
宜昌城的情形

展览概述

《近代宜昌》展览以宜昌重要历史事件为主线，以场景再现的方式，通过一张张泛黄的老照片、一幕幕真实的历史影像、一件件饱含故事的展品向观众讲述宜昌教案、川汉铁路、宜昌大抢运、枣宜会战、石牌保卫战及宜昌解放等70余年间跌宕起伏的峥嵘岁月，展现了近代以来中国人民英勇奋斗的壮丽篇章。

一、展览内容

清朝末期，西方列强以武力打开中国大门，迫使清政府签订了《南京条约》《天津条约》等不平等条约，中华民族陷入了日益深重的生存危机之中。1876年8月，英国以中国云南"马嘉理事件"为借口，迫使清政府签订《烟台条约》，增开宜昌为对外通商口岸。1877年4月1日，宜昌关成立，标志着宜昌正式对外开埠通商。此后，外国势力纷纷进入宜昌，设领馆、办洋行、通航运、掠夺原料、倾销商品、攫取利益。宜昌成为长江上游重要的货物集散地，客观上促进了宜昌商贸的发展。同时，开埠通商也促进了宜昌城市建设和城市功能的发展，出现了近代的教育、医疗、银行、交通、邮政等。

伴随着西方工业文明大潮蜂拥而至的还有西方宗教，宜昌是鄂西地区西方宗教传播的中心区域，中国传统信仰与西方宗教在此产生了剧烈冲突。1891年9月2日，爆发了震惊中外的"宜昌教案"，教案最终以向英、美、法三国赔偿十七万五千余两白银而结束。

1895年中日甲午战争的失利，标志着晚清洋务运动的终结，民族资本主义得到一定发展，兴办实业为社会所普遍认可，川汉铁路即是在这样的背景下诞生的。1903年，清政府颁布了《铁路简明章程》，各省纷纷成立了商办铁路公司。1909年10月28日，川汉铁路率先在宜昌开工兴建，至今仍保留有大量遗迹。由川汉铁路引发的保路运动，直接促成了1911年辛亥革命的爆发，成为"压倒清王朝的最后一根稻草"。辛亥革命武昌首义，宜昌最先继义，在辛亥革命史上留下了浓墨重彩的一笔。

辛亥革命之后，中国大地上相继经历了直皖战争、北伐战争、中原大战等一系列战争，人民生活在水深火热中。北洋军阀统治时期，发生在宜昌的两次兵变，致使市民死难千余人，烧毁房屋千余间，财产损失1000多万元。1937年7月7日，日本悍然发动全面侵华战争。1938年10月25日，武汉沦陷，国民政府被迫迁都重庆。作为人员和物资转运关键节点的宜昌，上演了"宜昌大抢运"的历史奇迹。1940年6月12日，宜昌沦陷，中日双方在此展开了长达5年的艰苦攻防战，尤以鄂西会战中的石牌保卫战最为气壮山河，日军始终没有突破宜昌以西防线，陪都重庆得以守住。1945年8月18日，在宜日军向中国军队缴械投降，宜昌光复。

1949年7月16日，中国人民解放军第四十七军击退国民党残部，进驻宜昌城，宣告宜昌解放，这座古老的城市从此掀开了新的历史篇章。

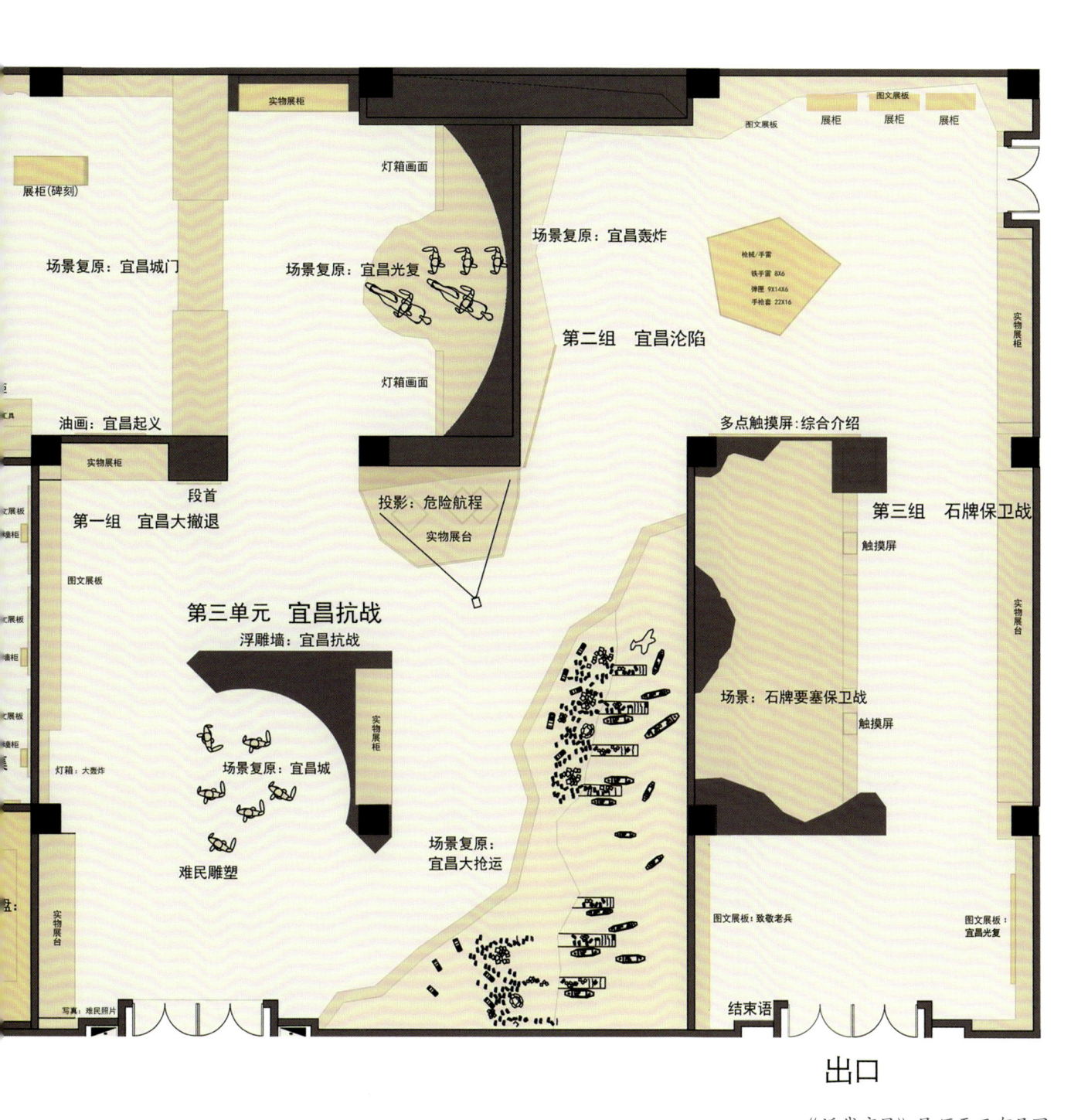

《近代宜昌》展厅平面布局图

二、展览形式

《近代宜昌》展厅位于博物馆三层左侧区域，展陈面积1200平方米，展线255米，展品300余件/套。展览在筹划阶段，深挖展品背后信息，增补了"德富士牌"煤油纸质广告、邓炳文主教下葬时的照片等佐证，增强了展品说服力。展览在实施阶段，将电子照片、档案资料等复制件装框展示，部分起到了展品的作用；利用老照片等所提供的丰富画面信息，复原宜昌关、宜昌车站、宜昌沦陷等场景，增强了展览代入感。

展览空间设计以时间为主线，配合重要历史事件以场景再现的方式，将"宜昌关"石匾、川汉铁路界碑、珍贵历史照片等实物，一一向观众展现。观众在静止的时间里穿梭，如同回到了历史中去亲自见证发生的史实。

第一章

开埠通商

本章节利用宜昌老照片、档案资料、实物等还原宜昌开埠后帝国主义在政治、经济、文化等方面与我国传统社会的交流与碰撞，展示宜昌开埠、外国领事馆的设立，航运、贸易的发展以及西方宗教的传播等重要历史。

清末时期的宜昌关

早期口岸　设立领馆

1877年4月1日，宜昌关第一任税务司英国人狄妥玛（Dick Thomas）在宜昌府南门外的汉景帝庙主持举行宜昌开埠典礼。英、美、德、日等国陆续在宜昌设立领事馆或由所在国驻汉口、沙市领事馆兼理宜昌领事事务。

1940年6月12日，宜昌沦陷。宜昌关曾作为日寇第11军13师团26旅团的团部所在地。抗日战争胜利后，宜昌关于1946年被裁撤，但宜昌关石匾一直到20世纪80年代才被拆除并移交至宜昌博物馆收藏。该石匾入选国家文物局《第一批古代名碑名刻文物名录》。

开埠以前，宜昌是一个江边小镇。据梁启超在《清议报》中记载："宜昌在湖北西偏，位于扬子江左岸……此港原不过一荒原之村而已，规模并不甚宏廓，商业亦不甚织盛，而以其地当楚蜀之要冲。"《东湖县志》续修本记载："洪武十二年（1379年），垣高二丈二尺（7.3米），周围八百六十三丈（2.88千米），城墙上有垛口三千九百零三垛"。

宜昌开埠后，在南门外的长江沿岸可以看到海关、教会、洋行等西式建筑。1877年2月，英国驻宜昌领事馆第一任领事京华佗（Walter Edward King）因在南门外沿江地段立下"英国租界"碑圈地而引起当地人的不满，发生了排外骚乱事件，后英国考虑到宜昌并无贸易市场，最终放弃了设立租界的计划。

宜昌外滩沙盘主要展示宜昌南门外至九码头沿江一带的建筑。多媒体投影播放宜昌古城老照片、开埠后宜昌外滩的种种新式建筑及不同行业影像。沙盘与半景画在展示内容上相衔接，组成了20世纪初宜昌城的全景。

1883年的宜昌古城东城墙
约翰·立德乐摄

1909年的宜昌外滩
亨利·威尔逊摄

开办洋行

  洋行是外国资本在我国通商口岸设立的经济组织的统称，欧美人称为公司，日本人则挂株式会社的招牌。第二次鸦片战争以后，在新老口岸，都出现了设立洋行的高潮，洋行的经营业务涉及银行、保险、商贸、船舶修造及加工制造等领域。

◉ 此处展示太古、怡和、隆茂、日清等外国洋行在宜昌投资建厂及贸易情况。将图文资料制成版面，一定程度上起到了实物展品的展示效果；标题立体字及大幅照片背板的使用避免了视觉的单一枯燥。

开办洋行
— Setup of consulates —

宜昌源康号礼券

宜昌书信馆
发行的邮票

● 在进行展柜设计时，根据展品材质、体积等定制展柜，邮票、明信片、证章等小型展品多使用沿墙挂柜；瓷器、碑刻等相对大型展品多使用落地展柜，既避免了常规展示的审美疲劳，又节约了展示空间。

社会百态　中西贸易

　　此部分集中展示宜昌开埠后，在西方工业大潮影响下社会经济、思想文化等方面产生的新形势、新变化。1883年3月，宜昌海关开办了宜昌海关邮局。1894年11月，英国驻宜昌领事馆以外侨委员会的名义设立了宜昌书信馆，办理邮政业务。1896年3月20日，清光绪皇帝批准开办大清邮政官局，中国近代邮政由此诞生。1897年2月，宜昌大清邮政总局成立。

○ 场景中左侧立柱为等比例仿制的英驻宜领事馆外墙建筑结构，同时也作为观众参观通道。裸展的"宜昌关"石匾拉近了观众与展品的距离，其文物说明牌介绍了宜昌关的详细历史背景及不同历史时段的照片。

洋人旧事　本土绅商

旧时政府较少涉足公益事业，多由乡绅、商会等民间组织承办。1916年9月，由宜昌众善士倡立，商界人士陈桂庭、陈靖海等创办的至善善堂成立。至善善堂内设古稀会、保婴会、启蒙会、送诊施药会等10余种分会。

"至善善堂"款花盆　　　1937年"至善善堂"重刊的《敬灶全集》

◉ 展柜使用三角形背板，部分马灯悬挂于背板之上，富有层次感。木质包装盒、纸质广告、石碑等不同材质展品同处一个大型嵌入式通柜中，避免了展品的同质化。

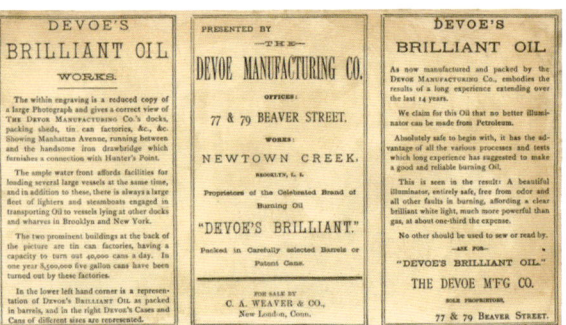

德富士牌煤油广告

美孚石油行销峡江地区

川江航运

20世纪以前，木帆船是唯一一种航行于川江的交通运输工具。1900年6月，英国人薄蓝田驾"肇通号"（Pioneer）明轮船从宜昌驶抵重庆，成为川江第一艘能够载运货物驶抵重庆的轮船。1915年，薄蓝田被中国海关总税务司任命为长江上游第一任巡江工司。薄蓝田在川江生活了23年，编制了川江航运《航行手册》，为中国培养了大量能够在川江上驾驶轮船航行的船长和引水，是近代川江航运的开拓者。1925年，民生公司的第一艘轮船驶入川江，经过10年奋斗，民生公司成为长江实力最强的民营航运企业，并在1938年的"宜昌大抢运"中发挥了重要作用。

洋教涌入

宜昌开埠前，就有西方教会深入至宜昌进行传教。开埠通商后，宜昌的大门向世界敞开。伴随着贸易而来的还有各类探险家、宣扬"上帝福音"的传教士等，西方教会更加广泛深入地在宜昌进行传播。

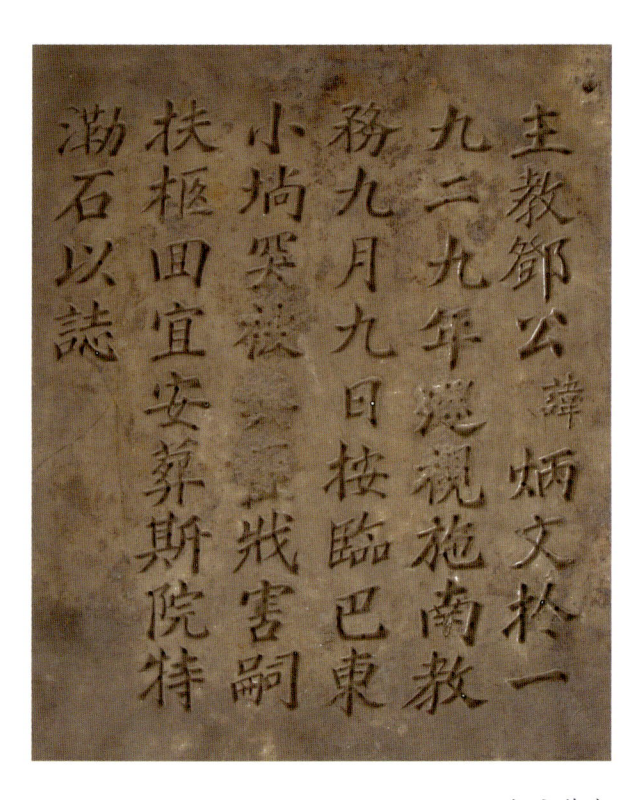

邓炳文墓志

● 将各式教堂的剪影与宜昌天主堂复原场景相整合，既节省了空间，又充分营造出了当时的历史氛围。

● 拉丁文功德碑是一件体量较大的反映西方宗教在宜昌深入传播的实证，考虑到它的体积及质量，将其裸展于展线之上。碑文放大置于其后背板之上，便于观众阅读。

宜昌信泉安葬邓主教摄影民国十八年十月二十一日　　宜昌信泉安葬邓主教摄影民国十八年十月二十一日

1929年9月29日，罗马天主教宜昌教区第五任主教邓炳文及两位神父、三名教友在巴东小淌教堂视察教务时被杀害，后被葬于宜昌。这是民国时期影响较大的一起教案。

爆发教案
Outbreak of religious conflict

清光绪十七年（1891年）9月2日，宜昌城内传言一小孩被拐进教堂，家属在乐善堂街教堂门前抗议，很快聚集千余人。美国圣公会教士开枪警示，顿时现场失控，激怒了的群众放火、打砸天主教堂、美国圣公会教堂、法国主教住宅、修道院及英国领事馆等，这就是闻名全国的"宜昌教案"。

宜昌教案发生后，英、美、法、意等9国驻华公使联名要求清政府严厉镇压，同时派出军舰进行恫吓，湖广总督张之洞深为恐惧，电令宜昌府将为首的朱金发、赵宗雅等12人处以刑罚，并赔偿法、英、美三国共计白银17万余两。

爆发教案 焚烧教堂

1891年9月2日，宜昌民众向罗马天主教圣母堂索要被传9月1日失踪藏匿于此的孩童。美国圣公会教士趁乱开枪，激起民愤。大批民众焚毁美国圣公会、法国天主教堂，损毁英国领事馆，打伤法、意、比等国传教士。事后，英、法、美等九国公使为此联合威胁清政府，派军舰游弋汉口、宜昌江面恫吓。无能的清政府将参与民众十余人充军或笞杖，赔银十七万五千余两结案。

◉ 借助1891年《伦敦画报》所载宜昌教案图片进行合理的油画创作，各式教堂的剪影为展陈内容提供了分割界限。

第二章
川汉铁路

清代末期，随着一次次对外战争的失利，尤其是1894年中日甲午战争的战败，清政府逐渐认识到了工业现代化的重要性，兴起了建设铁路的热潮。计划中的川汉铁路东起湖北广水（后改汉口埠），经宜昌府、重庆府，西至成都府，是连接川鄂两省、贯通长江中上游地区的重要铁路动脉。

川汉铁路是近代中国"实业救国"的重大工程，由于时代大局所限，最终没有建成。川汉铁路率先在宜昌兴建，至今仍保留有大量遗迹。因川汉铁路修建而引发的保路运动，成为武昌首义的导火索，直接促成了辛亥革命的爆发，成为"压倒清王朝的最后一根稻草"。

梦通蜀道　筹股筑路

1909年12月10日，川汉铁路首先在地质情况最为复杂的宜夔段（宜昌—奉节）开工，工地绵延百余里，规模庞大，全国罕见。铁路仅完成宜昌至小溪塔间7.5千米。宜昌至兴山间至今遗留有40余处川汉铁路遗迹，包括桥梁、车站、公事房等。

● 三个章节图文展板使用了三种不同的底色，便于观众把握展览架构，缓解视觉审美疲劳。此章节图文展板之上设计了一张大幅川汉铁路遗迹位置图，便于观众从整体上了解该铁路在宜昌的线路走向。

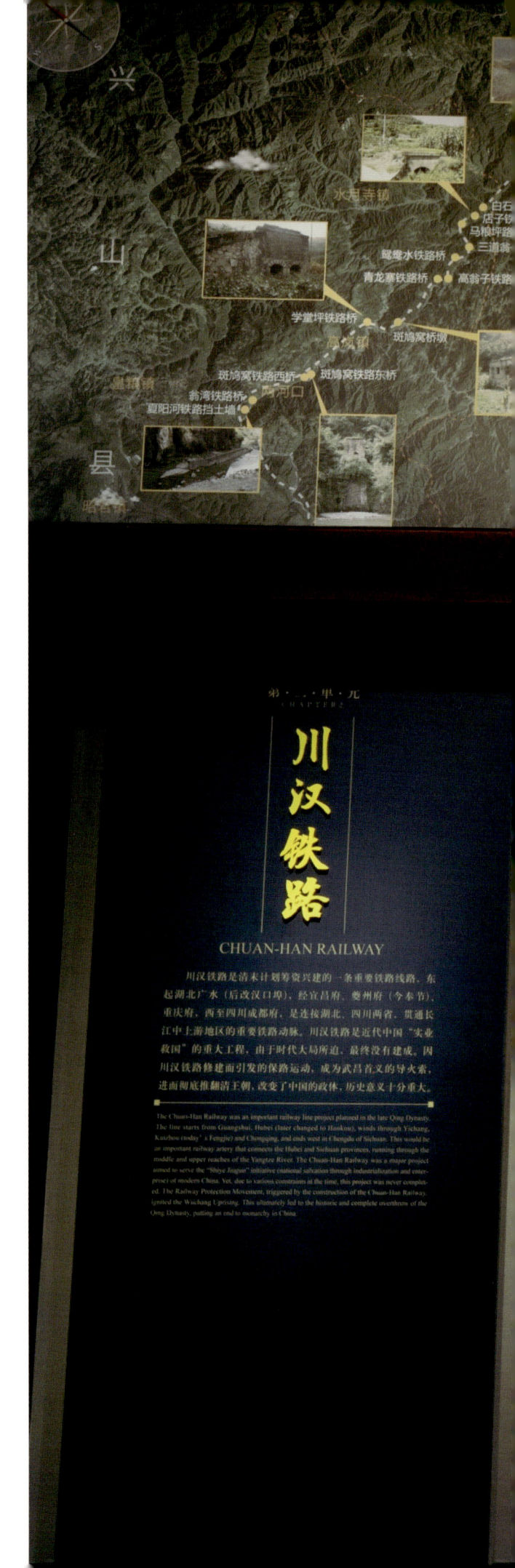

川汉铁路
遗迹位置图

梦通蜀道
Dream of Building a Road to Central China

筹股筑路
Raising fund to build road

◎ 展览利用天主教堂场景背面空间设置独立柜，展示川汉铁路公司不同时期发行的股票及公司章程、公司报告等，采用裸展及相框装裱两种方式展示。

商办川省川汉铁路有限公司股票

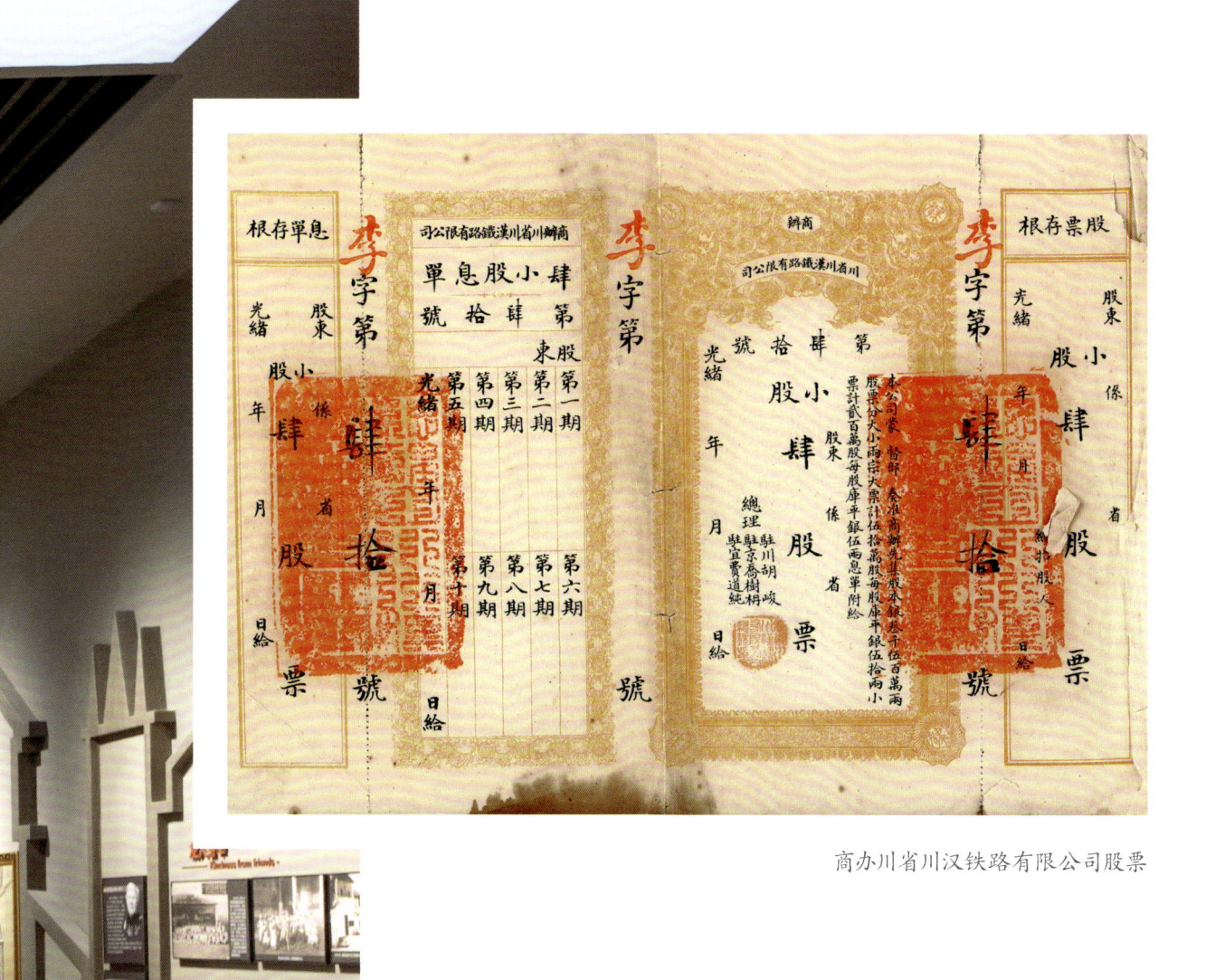

川汉铁路大事记

1904年1月,四川总督锡良奏准设立"官办川汉铁路公司",是全国最先成立的省级铁路公司。

1905年7月,川汉铁路公司官办改为官绅合办。

1907年3月,川汉铁路公司改为"商办川省川汉铁路有限公司",聘请国内著名铁路专家詹天佑为总工程师。

1909年12月,川汉铁路率先在宜昌开工。

1911年5月,清政府借铁路国有之名,向英、法、德、美四国银行团借款筑路,出卖路权,激起民愤,由此引发了保路运动。

谨函告：我们已决定接受贵公司供应1000桶洋灰，每桶价格为上海银元5.70元；到岸为宜昌；交货单位为四川川汉铁路公司。请在1909年8月底前在宜昌全部供应齐。当我公司副总工程师颜德庆签收后，在宜昌或在上海付款。

——詹天佑致天津启新洋灰有限公司（1909年7月24日　北京）

收到贵公司本月6日复函，知贵公司将在我们的第3号订单之1000桶洋灰以外，增加供应2000桶洋灰，并保证洋灰质量相同，或用木桶装，或用铁桶装。但我们需用铁桶装，因用铁桶可以增加运到宜昌途中的耐损强度，故希全部用铁桶装运。

——詹天佑致天津启新洋灰有限公司（1909年8月7日　北京）

硬化后的洋灰（水泥）

◉ 本单元采用大型地貌沙盘配合投影演绎川汉铁路建设始末。沙盘两侧设置灯箱展示英国著名植物学家亨利·威尔逊对川汉铁路建设工地的一段生动记录。修建铁路所使用的水泥（未使用，已硬化为柱状）置于沙盘下方。右侧为依据老照片复原的宜昌车站场景，车站门洞同时作为观展通道。

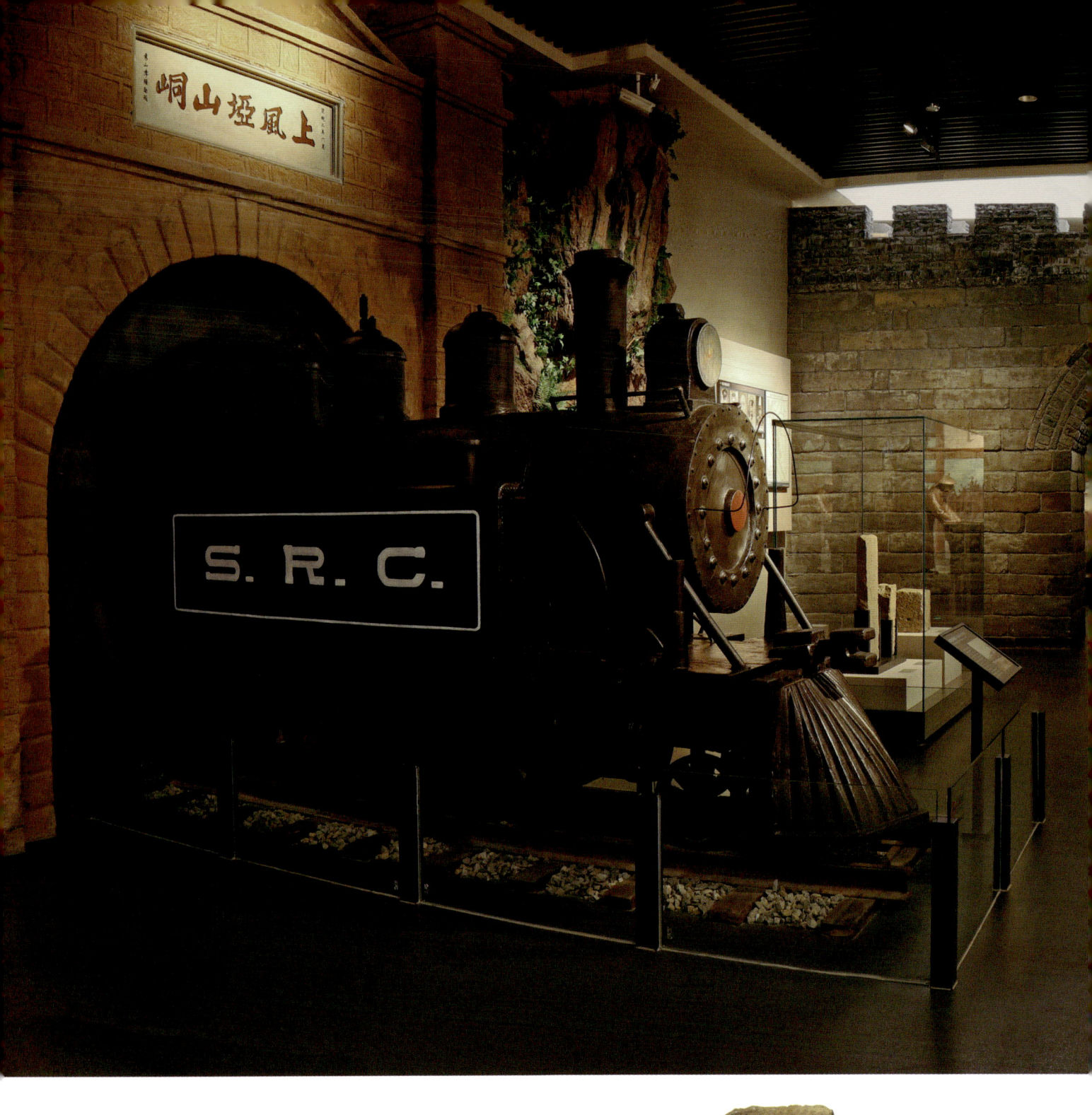

上凤垭山洞是川汉铁路现存最完整的隧洞，长度1千米。川汉铁路公司第21号订单中记载"在车身两侧用白色油漆书写"S.R.C."的标记。"S.R.C."是"四川川汉铁路公司"的英文缩写。

川汉铁路路标

◉ 此处依据上风垭山洞遗址等比例制作场景，并查阅相关资料，确认机车型号，复原机车，营造了机车从山洞驶出的场景。

远处复原的宜昌东门，把观众引入到辛亥革命宜昌继义的历史中。

机车驶入宜昌车站

黄家场车站

保路志痛

○ 展台采用半裸展形式展示晓溪塔车站模型及修建铁路所用各种工具。斜面说明版以地图形式标注川汉铁路已建成的 4 个车站位置。多样的展品类型及不同尺寸的图文版缓解观展疲劳。

晓曦塔车站

响应首义

　　1911年10月10日，武昌起义爆发。当时驻守宜昌的湖北新军四十一标唐牺支、商界李春澄等革命党人及宜昌公益会迅速响应、密谋起义。10月18日晚，正式宣告起义；19日上午，全城高悬十八星旗帜，解散原操防营和宜防营兵勇，起义成功。1912年，撤销宜昌府，改东湖县为宜昌县。

● 穿过宜昌东门城门，两幅大型灯箱画分别展示宜昌新兵训练及革命党人使用的十八星联九角旗。中间雕塑为宜昌起义后新旧政权交接的历史场景。

第 三 章

宜昌抗战

抗战爆发后,有川鄂咽喉之称的宜昌成为中东部与大后方间物资、人员进出的主要中转地。1938年10至11月间"宜昌大抢运"所转移的重要战略物资、设施设备及人员等,为长期抗战并取得最终胜利奠定了坚实基础。

1941年,中国共产党领导创建了襄西敌后抗日根据地,在抗战中发挥了巨大作用,沉重打击了日寇的嚣张气焰,最终和全国人民一道赢得了伟大的抗日战争胜利,用血与火谱写了可歌可泣的英雄诗篇。

◉ 宜昌抗战是此展览的重点单元，墙面使用仿古青砖，制作开裂、残破的背景，营造惨烈悲壮气氛。背景墙下设计斑驳的锁链及被压迫人民的浮雕，象征着宜昌人民在日军残暴统治下不屈不挠的抗争精神。

1939年4月，著名爱国将领冯玉祥在三游洞的题字

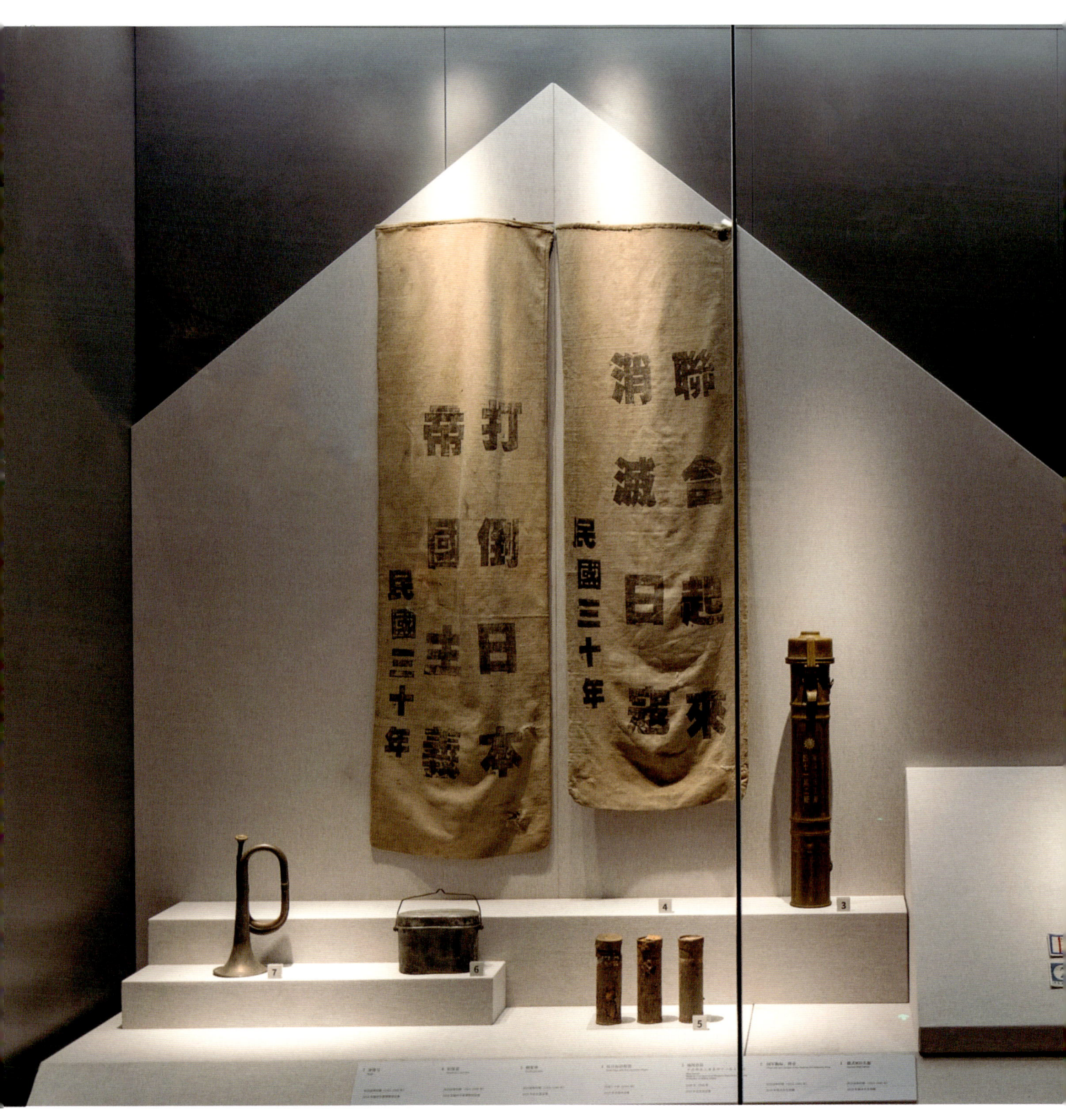

1939年，时任湖北省代主席的严重（字立三）在三游洞的题字

第·三·单·元
CHAPTER 3

宜昌抗战

YICHANG ANTI-JAPANESE WAR

1937年7月7日，日本悍然发动了全面侵华战争，国民政府被迫迁都重庆。作为人员和物资转运关键节点的宜昌创造了"宜昌大撤退"的奇迹；1940年6月12日，宜昌沦陷，中日双方在此展开了长达5年的艰苦攻防战，尤以鄂西会战中的石牌保卫战最为气壮山河，宜昌也因此成为一座英雄的城市被载入史册。

On July 7, 1937, Japan launched a full-scale war of aggression against China, and the Nationalist government was forced to move to Chongqing. As a key area for personnel and material transfer, Yichang created the miracle of the "Yichang Great Retreat." On June 12, 1940, Yichang was occupied by the Japanese. For the next five years, China and Japan continued the fight in access to Hubei around Yichang. Of the battles fought in those five years, the Shipai Battle was particularly magnificent and inspiring, and Yichang was thus recorded as a heroic city in history.

军队臂章标明所属部队番号，胸章标明隶属、职务、姓名等信息。蓝色边是尉官胸章，黄色边是校官胸章，红边为将官胸章。

官兵臂章、胸章

自 1938 年 1 月开始，日寇就派飞机轰炸宜昌。武汉会战后，日寇对宜昌的轰炸大大加强。据统计，抗日战争爆发后，日机空袭宜昌 95 次，投弹 2000 余枚，炸死居民 1863 人，炸伤 1967 人，损毁房屋 2870 余栋。

◎ 镶嵌于墙内的灯箱根据一张航空照片制作而成，展示的是宜昌城被日军轰炸过后，浓烟滚滚的惨烈景象。

巩式手榴弹

宜昌县难民救济支会第2066号难民证
（1938年3月31日签发）

◉ 展览制作过程中征集到一张来自宜昌茶店子的难民合照。照片中难民胸前都别有一张布条,这种布条可能为难民证。实物与历史照片相互印证,更具有说服力。

随着东部地区特别是武汉沦陷，大量难民逃亡到宜昌，这其中有平民百姓也有地主乡绅，人数达 17 万之多，只有 15 万人口的小城宜昌不堪重负。难民除乘坐一票难求的轮船外，多选择步行至恩施、重庆等大后方。

◉ 难民涌宜场景包含宜昌码头背景油画，房屋以及商人、乡绅、贫苦农民等 6 个不同形态的难民雕塑，表现了战争给人们带来的深重苦难，无数的人在战乱中背井离乡、流离失所。

该场景背景油画描绘长江江面上日寇轰炸及民生公司轮船紧急抢运的画面；微缩模型复原了军民组织有序、紧张装卸物资的场景。

宜昌大抢运场景

四川 湖

巴中
开县
云阳
巫山
万县 奉节
瞿塘峡 巫峡 巴东
忠县 石宝寨
丰都 高镇
利川 恩施
涪陵
重庆
龙山
鹤峰

贵州 湖

○ 展览使用投影播放宜昌大抢运短片,表现当时时间紧迫的情况下完成大抢运任务的过程。不规则形状的投影屏幕及行李箱实物等营造了紧张忙碌的抢运氛围。

宜昌大抢运

民生实业公司是当时中国三大船运公司之一,其名称取自孙中山先生的"三民主义"。

1938年10月武汉陷落时,宜昌还堆积着9万吨重要物资、设备,近10万难民待船转移,局面十分危急。10月23日,在总经理卢作孚的主持下,民生公司制定了40天突击运输的详细计划,全力投入到艰巨的物资、人员的抢运工作中。

宜昌沦陷

1940年5至6月，侵华日军调动约30万兵力向鄂西北进犯，企图先在襄河（汉水）以东的枣阳一带歼灭中国第五战区主力，然后南下，在宜昌附近消灭第五战区其他部队。中国军队则以第五战区部队为主，部署迎击。会战中，第33集团军司令张自忠奋不顾身，率部上阵，不幸殉国，这次战役史称"枣宜会战"。6月12日，宜昌沦陷，此后日寇在宜昌盘踞达四年两个月之久，犯下了累累罪行。

◉ 日寇轰炸后的解放路场景依据历史照片还原。整个场景进深1米有余，准确生动地表现了宜昌解放路这一繁华路段被日寇无情轰炸破坏的景象。场景下方设置"1940.6.12"立体大字，警醒观众不忘这一耻辱日期。

被日寇轰炸后的解放路

累累罪行　中日拉锯

　　1940年8月19日，当阳玉泉寺遭日军蹂躏，寺内无辜僧人、斋夫共31人被杀害。日军占领宜昌邮局大楼后，设立宣抚班，对沦陷区实施"教化安抚"，企图通过实行怀柔政策，蒙蔽中国百姓，进行奴化宣传和奴化教育。

　　宜昌沦陷后，以第六战区为主的中国军队在宜昌中西部、长阳等地与日军长期对峙，不仅成功地阻止了日军的继续西进，守住了战时首都重庆的门户，而且顽强反击，给侵略者以沉重打击。

◉ 利用中间区域设置五边形玻璃展柜，多层次半裸展示马克沁重机枪、捷克轻机枪、迫击炮、掷弹筒等。其他展柜及图文展板沿墙布置，留足观众参观空间。顶部不规则形状开窗描绘乌云密布的天空、背景墙面大面积战争场景喷绘以及仿古砖墙烘托出壮烈的战争气氛。

◉ 在展览中设置大型多点触摸屏，将历史老照片一一地呈现出来，弥补展厅面积的不足。

捷格加廖夫轻机枪

马克沁重机枪

《新华日报》报道宜昌抗战

1938年1月11日,《新华日报》于汉口创刊,是中国共产党第一份全国性机关政治报。据不完全统计,自创刊至1945年8月18日宜昌光复,《新华日报》共发表宜昌相关报道184篇。《新华日报》持续报道宜昌抗战战场动态,鼓舞士气,及时发表相关社论积极宣传抗战主张,有效地监督了正面战场的抗战,践行了我党"坚持抗战,反对投降""坚持团结,反对分裂""坚持进步,反对倒退"的抗战方针。

抗日标语刺绣

● 三个平柜分别展示了刊登宜昌抗战相关报道的《新华日报》以及反映日寇侵略宜昌罪证的画报、相册等，表现了中国军民团结一致抗日的决心及日寇的残暴行径。

汉阳造步枪

◉ 大刀等冷兵器与各式热兵器步枪等分别置于展柜内的左右两侧，且使用了不同颜色的背景，对比突出，反映了在抗日战争中我国军民在武器上的相对落后及顽强抗日的英勇气概。

枪油壶

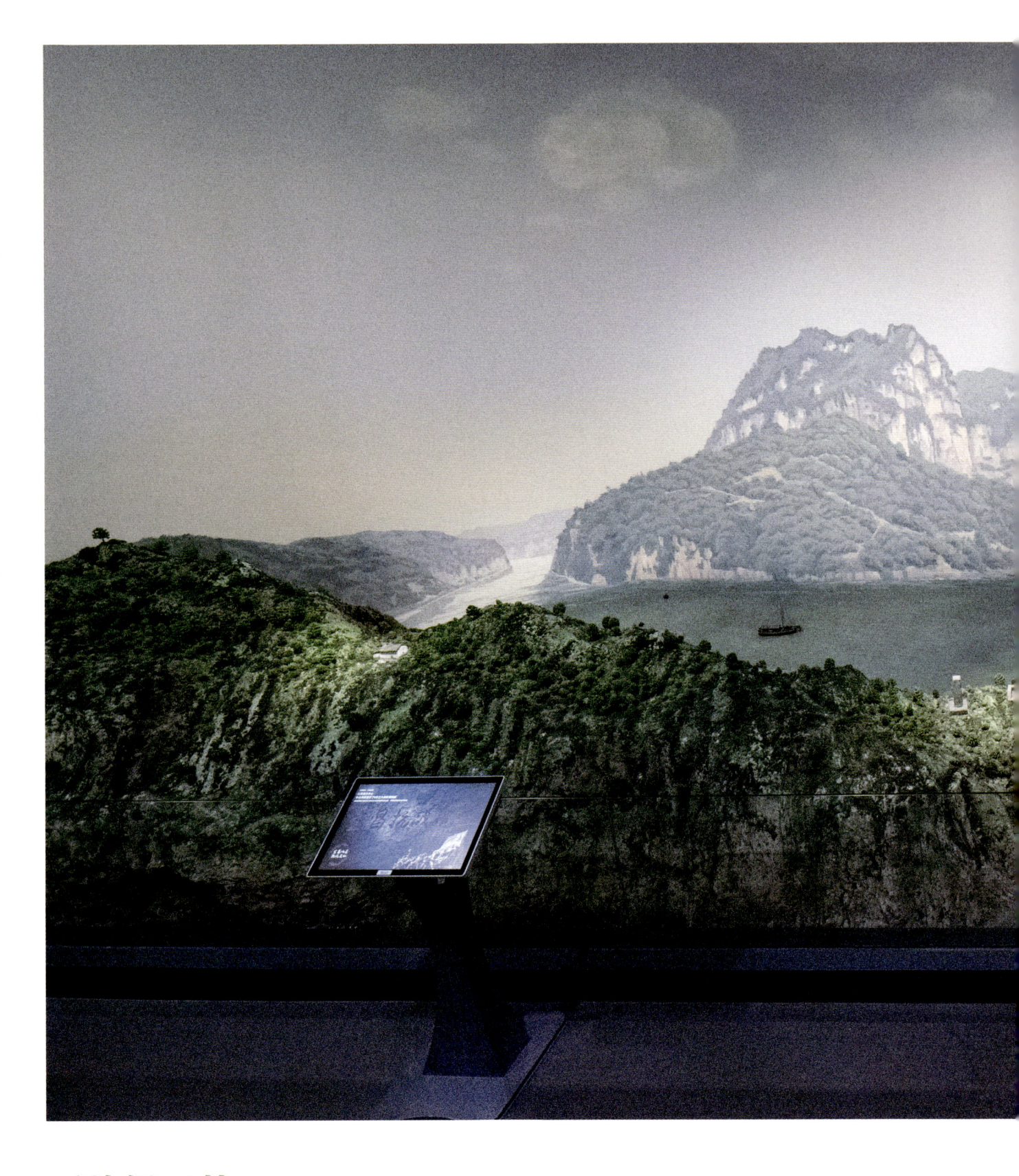

石牌保卫战

　　石牌是位于西陵峡南岸的一处重要军事要塞。1940年，宜昌沦陷后，西部的石牌成为拱卫陪都重庆的第一门户。1943年5至6月间，敌我双方围绕石牌要塞进行了激烈的争夺，中国军队最终以较小的代价取得石牌保卫战的胜利。这次战役是抗战的重要转折点，对抗战胜利产生了深远影响。

○ 石牌要塞场景等比例复原长江南岸杨家溪两侧山体、江域，背景画中绘制长江北岸胡金滩高山。石牌要塞的10余处遗址分别置于场景中对应的山体位置。场景外设置两处多媒体查询屏，可分别查询宜昌抗战、鄂西会战遗址点及相关历史背景。

多媒体触屏画面

近代宜昌 >>> 宜昌博物馆展览系列图集

画面左侧是一组随军记者于 1945 年 9 月 1 日拍摄的宜昌光复后的街景及军民欢庆抗战胜利的图片。彼时的宜昌城历经战火浩劫，满目疮痍，百废待兴。据统计，沦陷前宜昌人口达 15 万，战后日军受降后宜昌仅存 2000 余人；房屋毁坏高达 90%。画面右侧"1945.8.18"是宜昌光复的日期，醒目的红色，表达了对先烈的缅怀和对后世的警醒。

致敬
Pay a tribute to the veterans

为了纪念抗日战争时期先烈们的英勇事迹及重要战役，宜昌地区修建了多处抗战纪念碑，激励人们铭记历史、勿忘国耻、珍爱和平。

佘冰

1915年，佘冰同志出生于湖北省宜都县（今宜都市聂家河镇）一个贫苦的农民家庭。三年后其母病故，其父迫于生活将他的姐姐卖给他人。1925年11月，参加红军。

1935年，佘冰同志奉命去山东，1959年起，经常门诊养病三十七年后病逝北京。

佘冰：一位宜昌老红军的故事

长征期间，佘冰同志所在部队与进步青年相聚内州，进厂一场他几段解除系的战斗。本来属于孩子们却面，也想是老爱国他自幼由怎样紧张的紧张的斗志起能，保证了人员的胜利抵抗。

1936年7月份，佘冰等在陕西期间甘肃县草城地区，粮食不够吃，就是肯草尖，尤其部队转入，吃老那地。1938年9月，部队在向北时，翻越老雪山并被动以及日军西村四次之，佘冰同志在这次中役「受伤」。就是这样一路艰难战斗的艰苦环境下，佘冰同志与那此红色的故事更显丰厚。

在青年参加的革命生涯中，佘冰同志多次加过了大小战的一次，为国家做出重大，为广党和人民，也是世人为之，爱护教义的不断创造成就，经过了几十载的艰苦斗争，为广场门人热爱党老革命的成为老战友。

1969年，佘冰同志逝世。诸多如佘冰这样的老红军，老战友为了奋斗中国的建设事业，为了宜昌的建设事业而艰苦奋斗，老战友为之永远铭记！

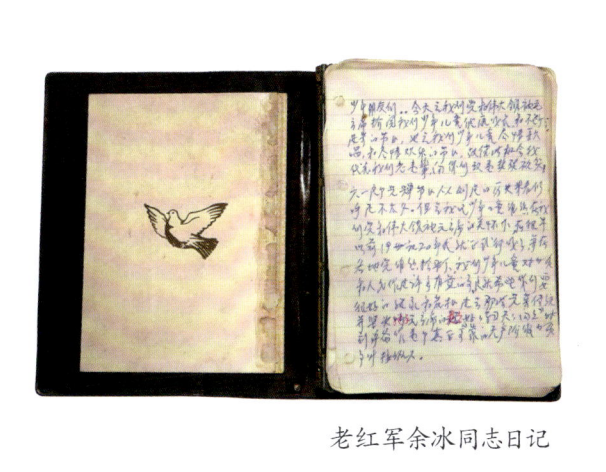

老红军余冰同志日记 　　　　　　　　余冰同志所配手枪

余冰同志长征时期所用马袋

宜昌解放　致敬老红军

1937年9月，以国共合作为基础的抗日民族统一战线形成。中国共产党积极倡导、促成和维护共同抗日。在人员缺乏、武器装备落后的情况下，积极抗战，发挥了中流砥柱的作用。

1945年9月，全民族抗日战争胜利后，国民党统治集团公然发动内战。为了中华民族的前途和未来，中国共产党领导广大人民推翻国民党反动统治，最终夺取了新民主主义革命胜利。

1947年2月24日，中国人民解放军江南纵队建立，转战湘鄂边17个县，有力地支援了各解放区的作战。1949年7月6日，宜沙战役打响。7月16日凌晨，中国人民解放军第13兵团第47军、第38军和湖北独立1师从镇境山、北门、东门、东山、铁路坝、北山坡、杨岔路等地攻进宜昌城区，宣告宜昌解放。

结语

　　仁者乐山，智者乐水。山水齐备的宜昌，在传统农耕时代，受地理位置和历史背景的制约，一直默默无闻地沉寂了数千年；世界工业革命的大潮将中国裹挟着一起进入近代舞台，宜昌也因此逐步崛起，蜚声海外。

　　前进的道路是曲折的，天灾人祸的横行、兵燹外侮的欺凌、高山大川的阻隔、思想观念的僵化、固步自封的传统、文化信仰的冲突、科学技术的缺乏，所有的困难都只能算作宜昌成长的花絮。

　　抓住机遇，促进飞跃。宜昌紧跟时代潮流，主动进行东西交流，积极更新发展理念，大胆引进先进技术，在教育、科技、商贸、文化、管理、规划、交通等各方面都取得了长足进步，为宜昌今后的发展奠定了坚实的基础。

　　以史为鉴，抚今追昔。回顾近代宜昌走过的历程，我们对今天宜昌的飞速发展感到欣慰，并对宜昌的未来充满信心。